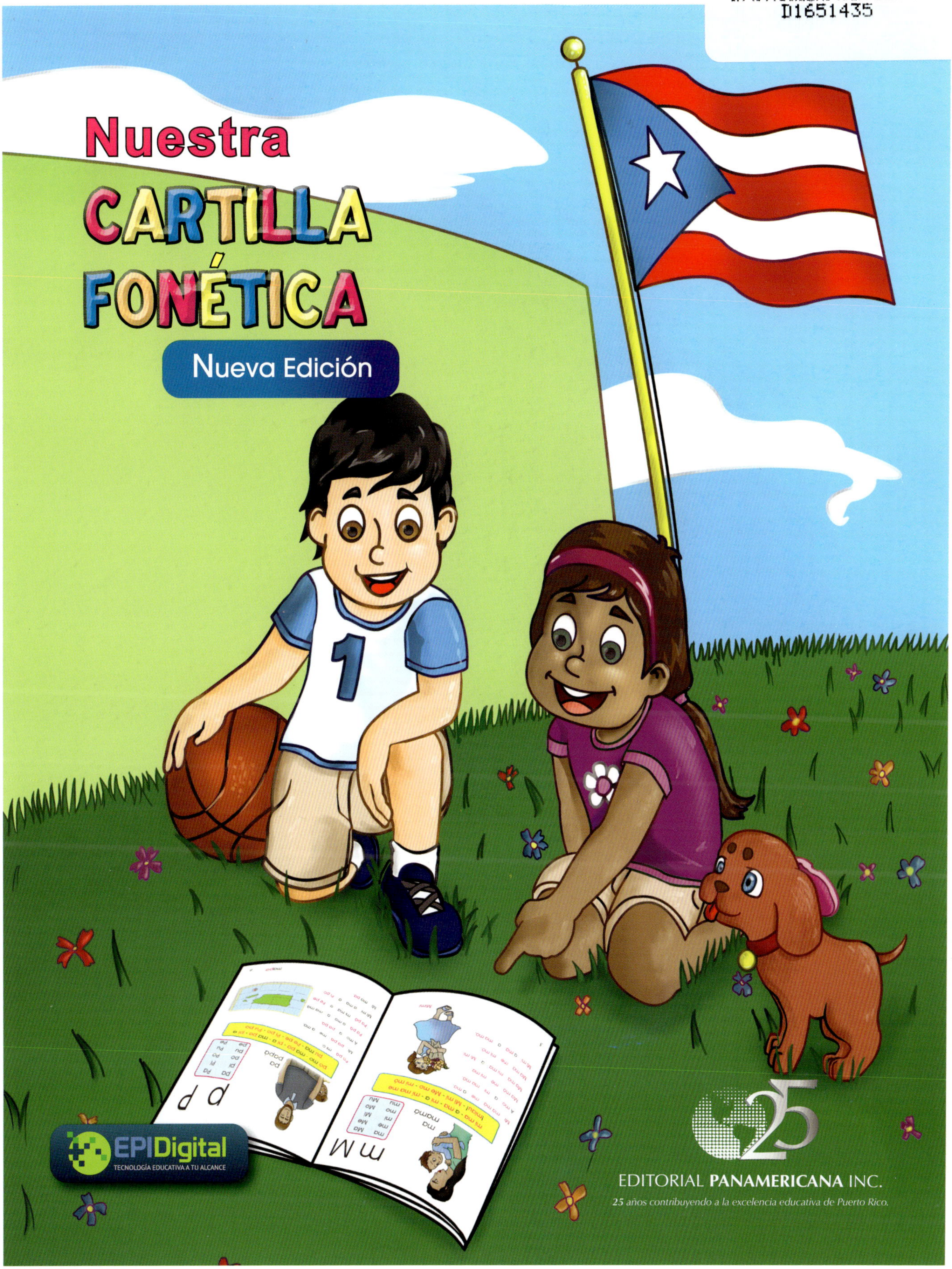

Nuestra CARTILLA FONÉTICA
Nueva Edición

EPIDigital
TECNOLOGÍA EDUCATIVA A TU ALCANCE

25

EDITORIAL **PANAMERICANA** INC.
25 años contribuyendo a la excelencia educativa de Puerto Rico.

Esta es una obra concebida, diseñada y realizada por personal, editores y colaboradores de Editorial Panamericana, Inc.

Copyright © 2015 Editorial Panamericana, Inc.
Reimpresión 2021

Tel: (787) 277-7988 • Fax: (787) 277-7240
P.O. Box 25189 San Juan, Puerto Rico 00928
info@editorialpanamericana.com • www.editorialpanamericana.com
Producido en San Juan, Puerto Rico
ISBN: 978-1-61725-290-7

Prohibida la reproducción total o parcial de este libro sin la autorización por escrito de la Editorial.

Sobre la utilización de esta cartilla (Nueva Edición)

Esta **Cartilla**, la original, ha sido preparada y revisada por expertos en la educación y la pedagogía siguiendo el método de lectura silábico de acuerdo con las características fonéticas del Español.

Este método toma como punto de partida la palabra dividida en sílabas; pero, inmediatamente, combina estas palabras en frases y en oraciones cargadas de significado, ya que el niño relaciona las ideas con los signos.

Se ha procurado presentar las palabras, frases y oraciones en orden de complejidad ascendente, a fin de que las dificultades sean vencidas gradualmente, paso a paso, como corresponde en buena pedagogía. Además, se ha tenido muy presente que para que el alumno se sienta motivado y la lectura le resulte un proceso comprensivo, es necesario que las palabras estén al alcance de su desarrollo mental y formen parte de la lengua que habitualmente utiliza cuando se comunica. Dicha razón nos llevó a incluir palabras de mayor uso en Puerto Rico, empleadas con el sentido que le damos en nuestra conversación cotidiana. En esta **Nueva Edición** hemos añadido nuevas palabras al vocabulario.

Encabeza cada lección un nuevo y atractivo dibujo que servirá de motivo para un comentario o conversación. El nombre de la imagen representada viene a ser la síntesis de la cual se extraerá la sílaba en estudio. De esta forma se consigue una asociación que ha de quedar fijada en la memoria del niño y la niña de modo permanente.

Terminado este ejercicio se procederá a la repetición de todas las combinaciones que tiene la sílaba estudiada con las diferentes vocales, las cuales aparecen en el cuadro de la derecha. Luego se hará la lectura de las palabras que aparecen dentro de la franja de color. Inmediatamente se pasará a la lectura de las frases y oraciones. Es conveniente que el alumno disponga de una libreta de papel cuadriculado ancho para practicar la escritura de las sílabas y las palabras explicadas en cada lección.

Esperamos que esta **Cartilla** continúe siendo, como lo ha sido por tantos años, un recurso de gran utilidad y beneficio para profesores, tutores, y padres que han logrado poner en manos de los alumnos un instrumento capaz de colocarlos en un camino seguro y ascendente hacia los niveles superiores de la lectura y el dominio de nuestro idioma.

El editor

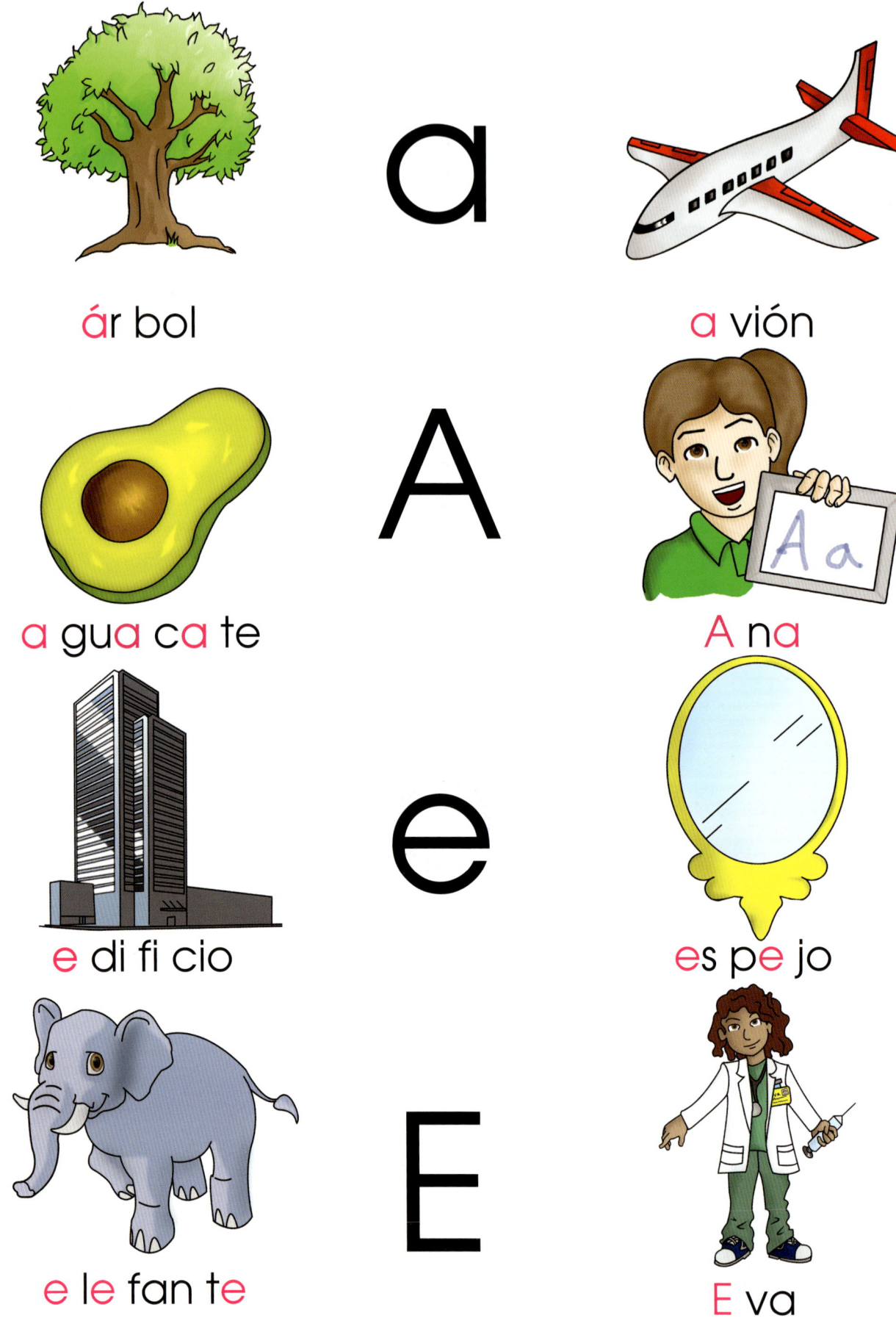

ár bol

a vión

a gua ca te

A na

e di fi cio

es pe jo

e le fan te

E va

u U

u ña

u va

u no

U li ses

ai	ia	au	ua
ao	oa	ae	ea
eu	ue	oe	eo
ei	ie	ui	iu
	ou	uo	
uai	iai	uei	iei

| au | ia | oe |

m M

ma
mamá

ma	Ma
me	Me
mi	Mi
mo	Mo
mu	Mu

mi ma - a ma - mí a - mí ma - me
Œmiau! - Mi mí - Me mo - mi mó

Mi ma má me a ma.

A mo a mi ma má.

Ma má me mi ma.

Ma má mi ma a Mi mí.

Ma má me mi mó.

Mi mí a ma a ma má.

Mimí

p P

pa
papá

pa	Pa
pe	Pe
pi	Pi
po	Po
pu	Pu

po mo - ma pa - pí a - ma po - pi e
pu ma - Pe pe - Pi po - Pu po

Pa pá   mí o.

Mi   pa pá   me   a ma.

A mo   a   pa pá.

Pa pá   a ma   a   ma má.

Pa pá   mi ma   a   Pe pe.

Mi mí   a ma   a   Pi po.

Mi   ma pa.

mapa

iau   au   oia

m i a u u

muuu

pío pío

piiiii piiiii piiii

Pi pe au pa a Miau.   Mi mí oí a a Pu po.

s S

sa	Sa
se	Se
si	Si
so	So
su	Su

sa
sapo

o so - u sa - pi so - me sa - so pa
pe sa - e sa - pa se a - pu so - Su si - su

E se sa po se a so ma.

Ma má a se a su pi so.

Pa pá u sa e se ma pa.

Mi mí pa sa su ma po.

Pe pa pu so e sa me sa.

Su si pa se a a Pu po.

E se o so pa sa.

oso

to
tomate

ta	Ta
te	Te
ti	Ti
to	To
tu	Tu

ta pa - ta pó - té - pi to - pa to - to ma
tie ne - Te té - To ma sa - Ti to

Pu se   e se   to ma te.

Mi mí   to ma   so pa.

Tu   pa pá   to ma   té.

Mi   tí a   a sa   e sa   pa pa.

Te té   ta pa   a   To ma si ta.

Ti to   ta pó   e se   po mo.

E se   pa to   me   pa só.

pato

n N

na	Na
ne	Ne
ni	Ni
no	No
nu	Nu

ne
nene

na ta - pei na - mo ni ta - ma no - ne ni ta
ma ni - e na na - no ta - Ni na - pia no
sue na - u na - Ne na - Ma na tí

E se ne ne to ma na ta.

Ma má pei na a ne ni ta.

Ne ne to ma mi ma no.

Ni na tie ne u na mo na.

U na mo ni ta e na na.

U na ma ta se me ne a.

E se pia no sue na.

monita

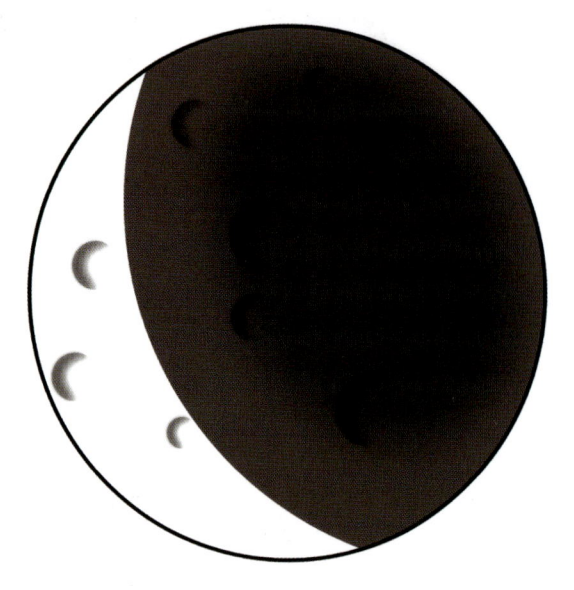

la	La
le	Le
li	Li
lo	Lo
lu	Lu

lu
luna

li ma - la ta - mu la - pa la - lim pia
te la - lo sa - pa lo ma - Lo la - a li sa
i lu mi na - La lo - Li lí - Lui sa - ma la

La lu na me i lu mi na.

Pa pá u sa su pa la.

La lo lim pia la li ma.

Li lí a li sa su pe lo.

E sa te la es de la na.

E sa pa lo ma se po só.

Tie ne u na pa ti ta ma la.

paloma

d D

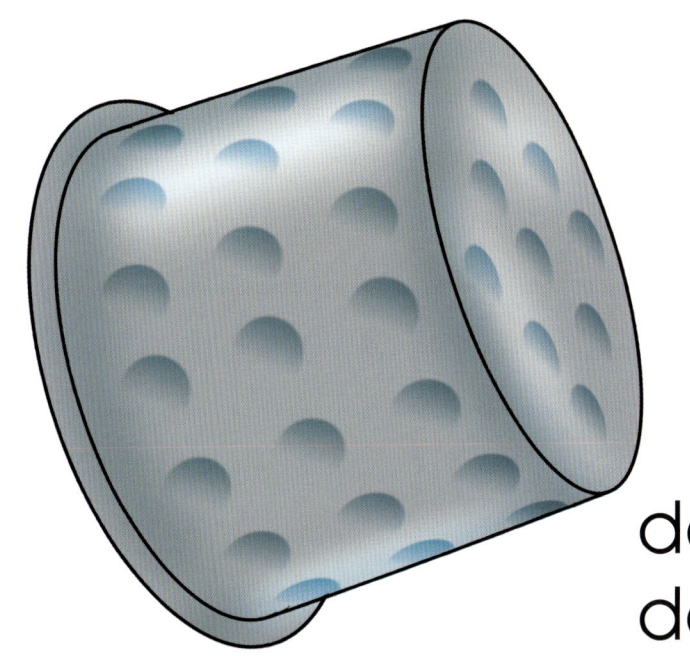

de
dedal

da	Da
de	De
di	Di
do	Do
du	Du

Da lia - due le - po da - da le - dos
da ma - mi de - mo ne da - dia de ma
De lia - Do na to - Da ni - Do mi ti la

Ma má u sa el de dal.

Da le la ma no a la da ma.

Da ni tie ne u na mo ne da.

Me due le mi de do.

De lia po da la ma ta.

Do na to mi de la te la.

E se ni do no pe sa.

nido

15

b B

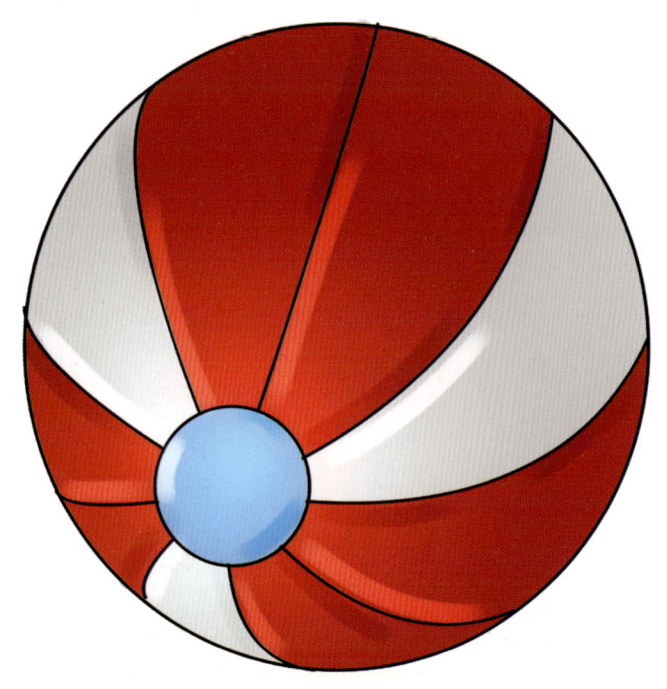

bo
bola

ba	Ba
be	Be
bi	Bi
bo	Bo
bu	Bu

bo ni to - ba te - nu be - bo ta - bo te - bo tó
be sa - ba ta - be bi da - Be ni to - su be
Be ba - Ba si lio - bo da - bo tón - ba ti da

La bo la de Be ni to.

Tie ne un bo te bo ni to.

U na nu be ta pa la lu na.

La mu la su be la lo ma.

Ba si lio bo tó la bo la.

U na be bi da bue na.

Be ba be sa a su ma má.

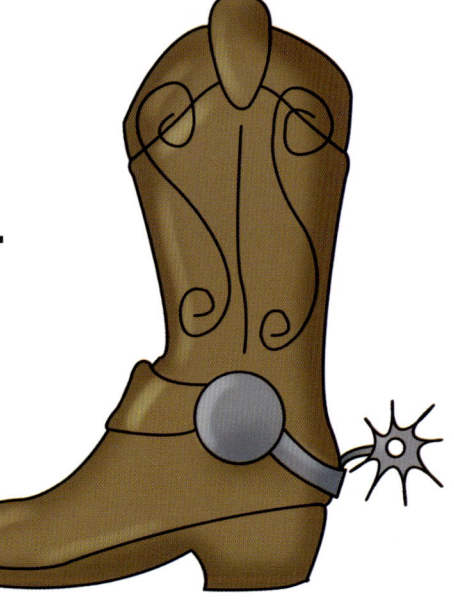

bota

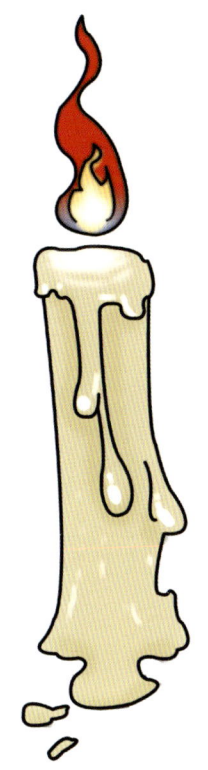

ve
vela

va	Va
ve	Ve
vi	Vi
vo	vo
vu	Vu

va so - vio le ta - nueva - pa vo - la va
a ve - vi si ta - vie ne - vue la - a vio ne ta
Va ne sa - Vel da - vien to - ve le ta - vi va

La ve la se a vi va.

Ve o una vio le ta.

U na a vio ne ta nue va.

Vel da la va su va so.

Va ne sa vie ne de vi si ta.

¡Vi va, vi va mi pa pá!

E se pa vi to no vue la.

avioneta

c C

ca	Ca
co	Co
cu	Cu

co
coco

co pa - po co - ca mi sa - cu na - có mo da - ca sa
co se - ca pa - Ca mi lo - Ca ta li na - co me - co sa
Mo ca - Co a mo - cu cu ba no - va ca - ca da

Ve o e se co co.

Ca ta li na co se u na ca mi sa.

Ca mi lo sa ca su co pa

Tu va ca co me po co.

U na ca sa có mo da en Mo ca.

Ca da co sa tie ne su si tio.

La cu na de la ne ni ta.

cuna

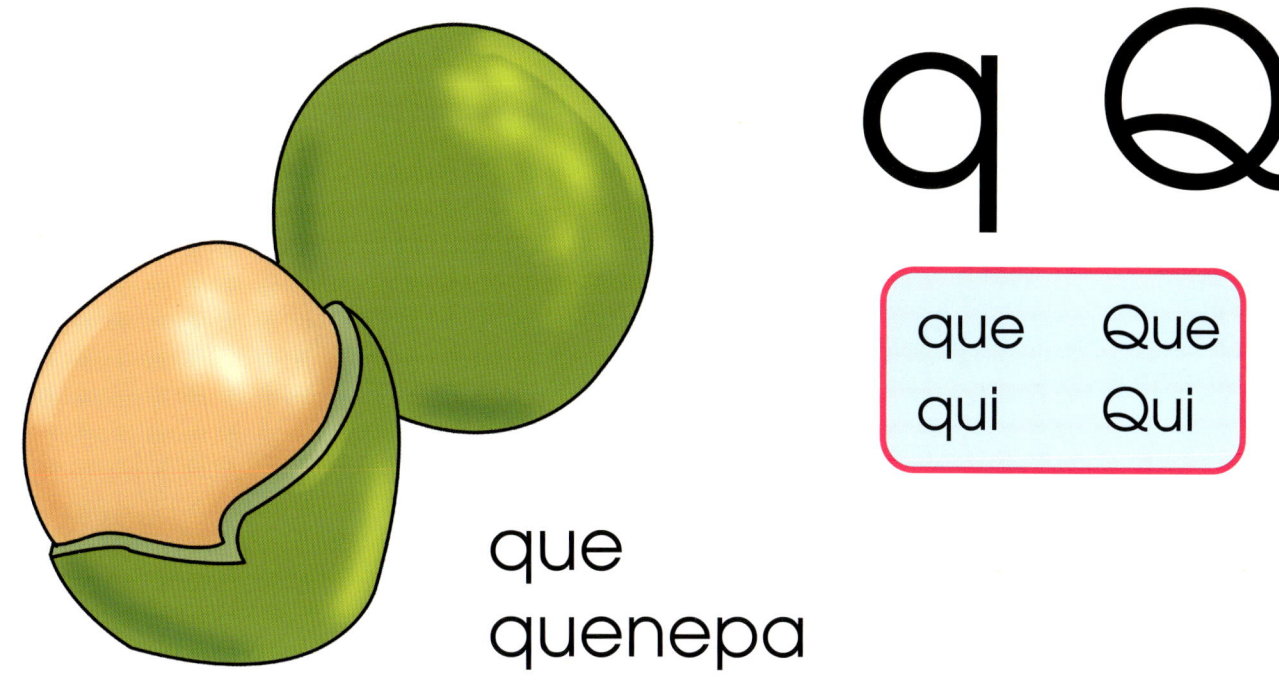

q Q

que   Que
qui   Qui

que
quenepa

a quí - que so - co quí - qui to - que dó
ma qui na - bu que - que ma - Qui co - Qui que
pa que te - mos qui to - es qui na - mos qui to

Da me u na que ne pa.

Qui to e se pa que te de a quí.

To ma tu co pa Qui co.

Qui que cui da su má qui na.

E se bu que se que ma.

La ne na no qui so que so.

E se co quí se que dó.

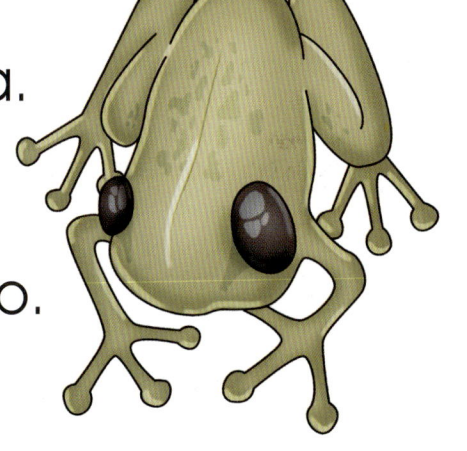

coquí

19

f F

fa
familia

fa	Fa
fe	Fe
fi	Fi
fo	Fo
fu	Fu

Fi na - fo to - ca fé - fo ca - fi la - fo co - so fá
fi es ta - te lé fo no - Fe li pe - Fi lo me na - fe a
del fín - Fa bio - O fe lia

La fa mi lia de Fe li pe es tá de fies ta.

Ve o u na fo to de Fa bio.

Fi lo me na to ma ca fé.

O fe lia fue de pa se o.

E se te lé fo no sue na.

Fe li pe cui da la fi la.

La fo ca no es fe a.

fo ca

20

r R

ra	Ra
re	Re
ri	Ri
ro	Ro
ru	Ru

ro
rosa

ra ta - ra ma - ro pa - rí e - rue da - ra na
ro ta - rá ba no - Ro sa lí a - ri sa - rui do - re mo
Re na to - ro e - Ra mo na - Re né - re mo li no

¡Qué bo ni ta ro sa!

Re na to po da la ra ma.

La ra ta ro e la ro pa.

Ro sa lía re ma so la.

U na rue da ro ta.

Ra mo na se rí e de mí.

Re né co me rá ba nos.

rábanos

rr-

| rra |
| rre |
| rri |
| rro |
| rru |

rra
perra

a ma rro - a rri ma - ba rre - tie rra - de rra ma
pa rra - ca rre ta - a rre a - sie rra - cu cu rru cu cu
Mo rro - to rre - bu rro - co rre - fo rro - ma rrón

Ra mi ro a ma rro su pe rra.

U na pe rri ta se a rri ma.

Re be ca ba rre la tie rra.

Mi tí o poda la pa rra.

Re n ato a rre a a su bu rro.

La pa lo ma de Re né hace cu cu rru cu cú.

Va mos a El Mo rro.

El Morro

-r-

aro ari are
ere era ero
iri ire
oro oru ora
uru ure ura uro

aro

ai re - ma de ra - vi ra - ca re ta - to ro - ra ra
Au ro ra - Sa ra - Au re lio - Te re sa - p a ra
I re ne - te so ro - mi ra

Au ro ra rue da su a ro.

E se a ro se vi ra.

U na ca re ta ra ra.

Quie ro u na pe ra ma du ra.

Au re lio a ra la tierra.

Mi ra e se to ro I re ne.

U na te la p a ra Te re sa.

careta

-r -r

or
orquídea

ar	Ar
er	Er
ir	Ir
or	Or
ur	Ur

co lor - bur la - Ar tu ro - do lor - ár bol
d or mir - puer ta - car ta - Ur bi no - Ir ma
Er nes to - car te ro - cór ta la - Mar ta - ur na

Ur bi no mi ra la or quí de a.

¡Qué bo ni to co lor li la!

¿La cor to pa ra ti, Mar ta?

Bue no, Er nes to, cór ta la.

U na puer ta de ma de ra.

E se car te ro se a cer ca.

Ir ma se que dó dor mi da.

cartero

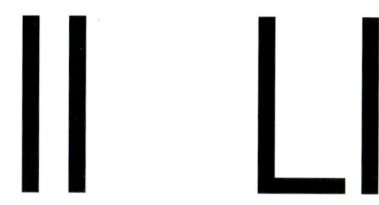

lla	Lla
lle	Lle
lli	Lli
llo	Llo
llu	Llu

lla
llave

e lla - llu via - a ni llo - pi llo - ca lle
a llí - lla no - llo ra - lle no - to a lla - si lla
ar di lla - ta qui lla - a ma ri lla - ca ba llo

La lla ve de mi pa pá.

E lla no te ní a a ni llo.

La llu via lle nó la o lla.

U na me da lla a ma ri lla.

Ve o u na si lla a llí.

E se ca ba llo co rre.

Õ Có mo se lla ma e sa ca lle?

caballo

y Y

yu
yuca

ya	Ya
ye	Ye
yo	Yo
yu	Yu

yo - ye ma - ye so - ra ya - ya te
a yer - Yo li - Ye yo - Yau co - o yó - yo yo
yo la - pa ya so - a yu do - ra yo

Yo li co me yu ca.

Yo a yu do a mi ma má.

A yer llo vió.

E se pa ya so me o yó.

Tu ya te es bo ni to.

Mi yo la no tie ne ve la.

Ye yo vie ne de Yau co.

payaso

ga Ga
go Go
gu Gu

ga
gata

go lo sa - a gua - go ta - ga lli na - ga llo
gua ya ba - Go yo - Ga bi no - ga lle ta - Gu ra bo
go rra - gu sa no - ga fas - re ga lo - go ma

Lle gó la ga ta go lo sa.

To ma a gua go ta a go ta.

La ga lli na le te me.

Mi ga llo no le te me.

Go yo rie ga la ma ta.

U na ma ta de gua ya ba.

Ga bi no lle gó a Gu ra bo.

guayaba

27

| ge | Ge |
| gi | Gi |

gi
gitana

ge nio - di ri ge - li ge ra - a gi ta - ge la ti na
gi ra - ge ra nio - Ge na ro - Gi na - ge me los
gi ra sol - mu ge

E sa gi ta na ti ene ge nio.

Ge na ro la di ri ge.

La rue da gi ra li ge ra.

Mi ga to a gi ta la cola.

U na co pa de ge la ti na.

¡Có mo mu ge e sa va ca!

Da me e se ge ra nio.

geranio

hu
humo

ha	Ha
he	He
hi	Hi
ho	Ho
hu	Hu

a ho ra - ha ré - he la do - he no
hue vo - hi lo - hi go - co he te - Ho me ro
hue so - hi po - ho tel - hos pi tal

Sa le hu mo de la ca sa.

Ho me ro lle gó a ho ra.

Le lle vó he no a la va ca.

Mi ga lli na pu so e se hue vo.

Ha ré he la do de co co.

Mi ra e se hi go mo ra do.

E se co he te su be.

cohete

-y

ay
ey
oy
uy

ey
buey

h**oy** - h**ay** - v**oy** - s**oy** - **y**
d**oy** - Ca m**uy** - Ca y**ey** - r**ey**

Ese bu**ey** lle gó h**oy**.

Ya lo ve o a llá, es Ca m**uy**.

A ho ra h**ay** que cui dar lo.

V**oy** a a yu dar te, Ye yo.

Yo le d**oy** he no.

S**oy** tu a mi go, Õno?

E se r**ey** u sa co ro na.

r**ey**

j J

ju
juey

ja	Ja
je	Je
ji	Ji
jo	Jo
ju	Ju

ca ja - vie ja - ra jó - di bu ja - ja rra

ji ne te - jau la - Jo sé - Jua na - o ve ja

Ja yu ya - via je - Ju lio - pa ja ro - ja le a

Ese ju ey lo co gió Jo sé.

Lo pu so en u na ca ja.

Sa ca e se pá ja ro de la jau la.

Jua na di bu ja u na o ve ja.

E se ji ne te va de via je.

Ju lio vi si ta a Ja yu ya.

La ja rra vie ja se ra jó.

jarra

z Z

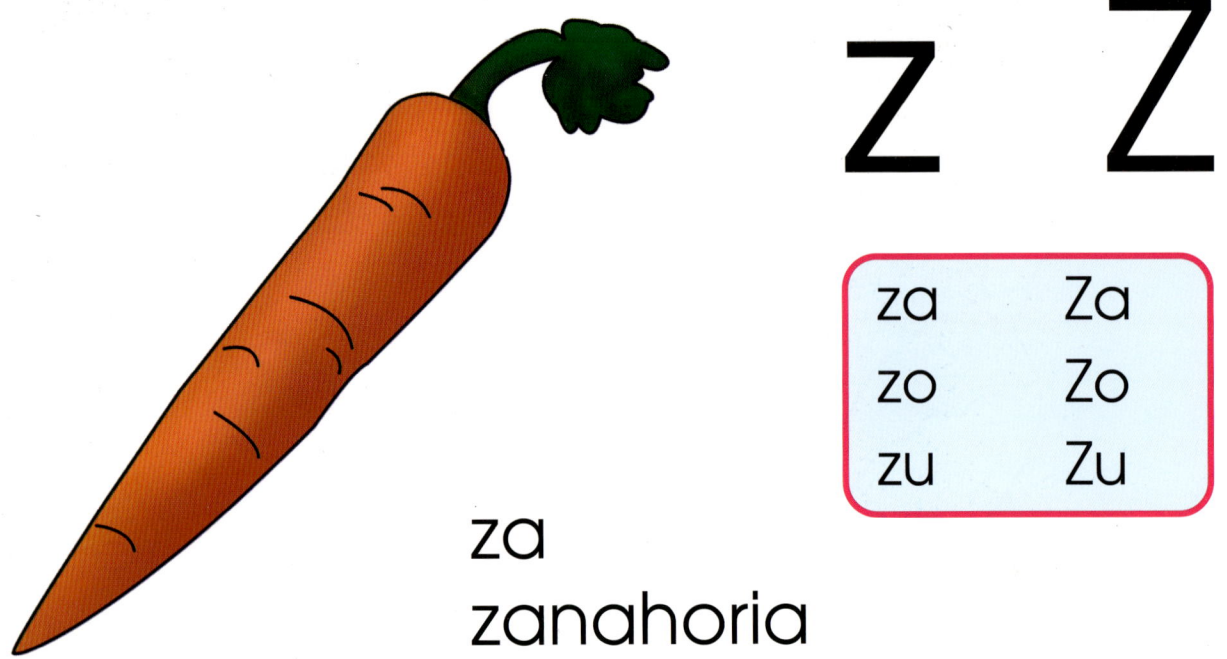

za	Za
zo	Zo
zu	Zu

za
zanahoria

zu mo - la zo - ta za - lo za - mo zo
a za da - Zo rai da - Zoi la - za pa to
po zo - e ri zo - pi za rra - a zú car

U na za na ho ria du ra.

E se mo zo u sa la a za da.

To ma e se va so de zu mo.

U na ta za de lo za.

Zo rai da se pu so su la zo.

Zoi la borra la pi za rra.

Bo ta e se za pa to vie jo.

zapato

c C

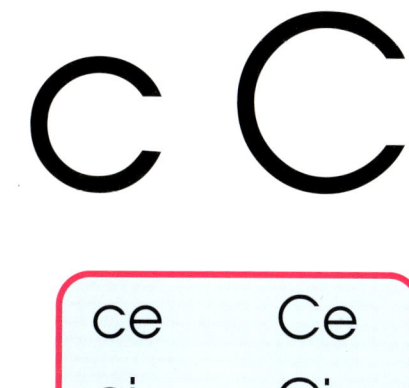

ce	Ce
ci	Ci

ce
celular

ci ma - cie lo - ce na - ce ni za - co ci ne ra
ce re za - cie go - Ce lia - A li cia - cis ne - ci ga rra
a ce ra - o fi ci na - cier vo - cien - Lu cí a

Ce lia u sa e se ce lu lar.

Su bí a la ci ma de la lo ma.

A li cia a yu da a ese cie go.

¡Qué be llo lu ce el cie lo!

La co ci ne ra hi zo la ce na.

Me dio u na ce re za.

Yo re co gí la ce ni za.

ciego

ch Ch

chi
china

cha	Cha
che	Che
chi	Chi
cho	Cho
chu	Chu

mu cho - le che - a chio te - chu le ta - mu cha cha
no che - mo chi la - te cho - chu bas co - e chó
cho z a - le cho sa - cho co la te - Che o

E sa chi na tie ne mu cho zu mo.

La mu cha cha to ma le che con cho co late.

Che o hi zo la so pa.

Le e chó a chio te.

Lue go a só u na chu le ta.

La cho za tie ne te cho.

U na le cho sa ma du ra.

lechosa

ñ Ñ

ña
ñame

ña	Ña
ñe	Ñe
ñi	Ñi
ño	Ño
ñu	Ñu

ni ño - sue ño - pa ñue lo - pi ña - pi ña ta
mu ñe ca - ma ña na - da ña da - ba ño - Mu ñoz
te ñi do - ca ba ña - Ñi ca -ba ñe ra - u ña

E se ña me se co me.

Ñi ca vi ve en la ca ba ña.

Ma má ba ña a la ni ña en la ba ñe ra.

E lla no tie ne sue ño.

He te ñi do mi pa ñue lo.

U na u ña da ña da.

Mu ñoz lle ga ma ña na.

muñeca

-s   -s

is
isla

as	As
es	Es
is	Is
os	Os
us	Us

pa ís - es cue las - nú me ros - mos cas
gus ta - mu chas - pas to - cas ti llo - Es te la

Mi pa ís es u na is la.

Es la más bo ni ta de las is las.

A quí hay mu chas es cue las.

Es te la ya sa be los nú me ros.

La no che es tá os cu ra.

Es te as no co me pas to.

Se sa cu de las mos cas.

asno

36

-n -N

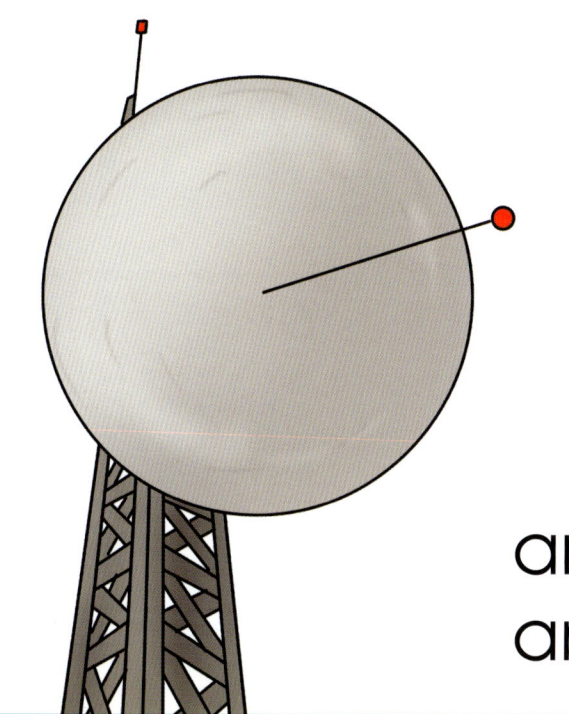

an
antena

an	An
en	En
in	In
on	On
un	Un

te le vi sión - fun cio na - man gó - En ri que
cin co - cen tavo - ve llón - An to nio
cuán to - bien - ten go

E sa an te na la pu so An to nio.

Es pa ra la te le vi sión.

Fun cio na muy bien a ho ra.

¿Cuán to va le e se man gó?

So lo cin co cen ta vos.

Yo ten go un ve llón.

¡Dá me lo, En ri que!

mangó

37

-m -m

am	Am
em	Em
im	Im
om	Om
um	Um

am
campana

b**om** be ro - ti**em** po - **em** pu ja - **em** pe zó
c**om** pa ñía - **Am** pa ro - H**um** ber to

U na c**am** pa na ro ta.

Se r**om** pió ha ce ti**em** po.

Am pa ro la **em** pu ja.

Ha **em** pe za do un fue go.

E se b**om** be ro lo a pa ga.

H**um** ber to le a c**om** pa ña.

El vien to ha c**am** bia do

b**om**bero

al	Al
el	El
il	Il
ol	Ol
ul	Ul

al albañil

al ba ñil - sil ba - al to - a zul - Al fon so - Al ba tol do - dul ce - al mí bar - Ol ga - sol - ba rril

Un pa que te de al go dón.

El al ba ñil sil ba u na to na da.

Ol ga se sien ta ba jo el tol do.

El cie lo es tá muy a zul.

El sol se ve al to.

Al fon so rue da el ba rril.

Pon le al mí bar al dul ce.

dulce

pr- Pr-

pra
pre
pri

pro
profesora

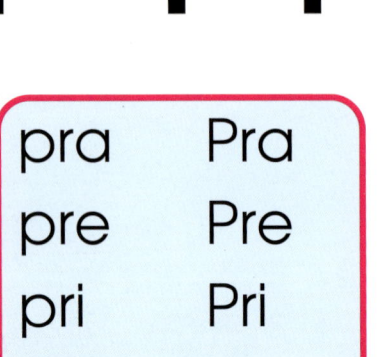

pra	Pra
pre	Pre
pri	Pri
pro	Pro
pru	Pru

sor pre sa - tem pra no - siem pre - com pró
re pre sa - pre cio so - pri mo - pri sa - pri me ro

Mi pro fe so ra lle ga tem pra no.

Siem pre nos es pe ra en la puer ta.

Hoy nos dio u na sor pre sa.

Vi si ta mos la re pre sa.

¡Qué pre cio so pai sa je!

Pri me ro com pró pos ta les.

Mi pri mo tie ne pri sa.

represa

40

dr-Dr-

dro
dromedario

dra	Dra
dre	Dre
dri	Dri
dro	Dro
dru	Dru

ven drá - ten dre mos - ma dre - cua dro - la dra
pa dri no - A dria na - Pe dro - Ci dra

El dro me da rio tie ne u na jo ro ba.

A dria na lo vio en el cir co.

Hoy ven drá mi pa dri no.

Mi ma dre a dor nó la ca sa.

Ten dre mos u na fies ta en Ci dra.

Pe dro col gó un cua dro.

El pe rro le la dra.

ladra

gr- Gr-

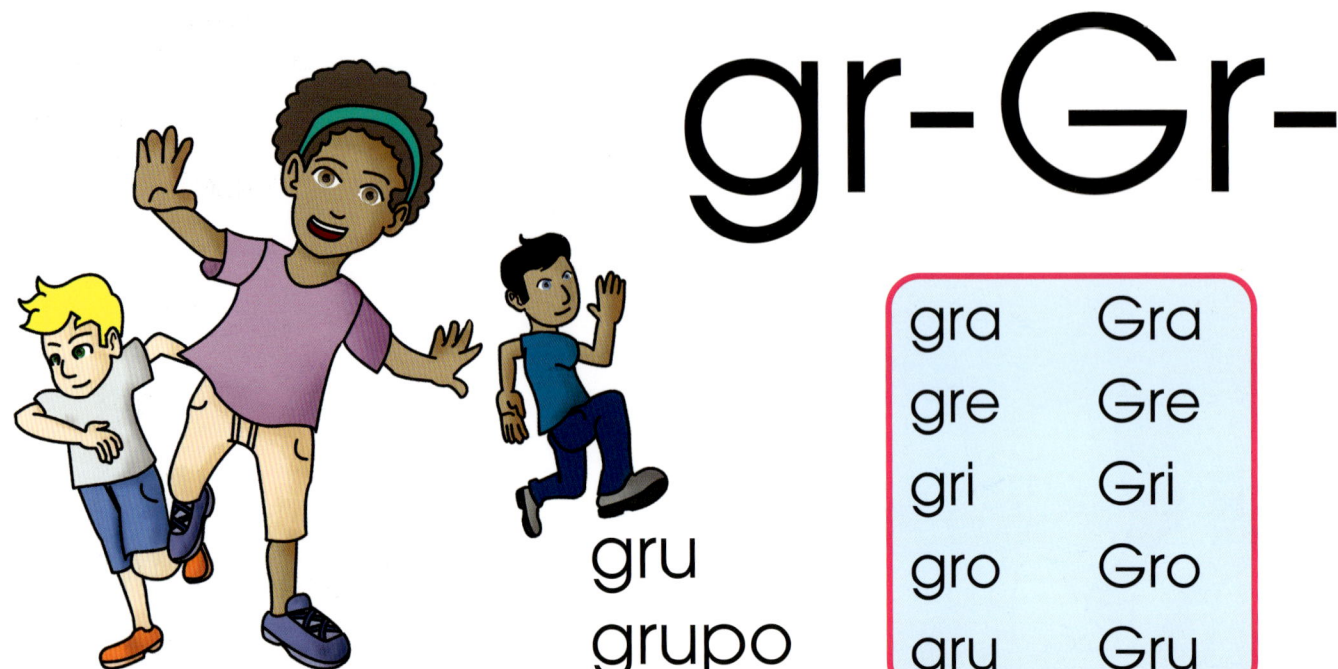

gru
grupo

gra	Gra
gre	Gre
gri	Gri
gro	Gro
gru	Gru

gra do - ale gre - re gre sa - gri llo - gri ta - gran de lo gró - gra ma - a gra da - Gra cie la - Gre go rio

Es te gru po pa sa de gra do.

To dos es tán muy a le gres.

A ho ra re gre san a sus ca sas.

Un gri llo gran de chi lla.

Me a gra da su can to.

Gre go rio lo gró co ger lo.

Gra cie la gri ta.

grillo

cr- Cr-

cra	Cra
cre	Cre
cri	Cri
cro	Cro
cru	Cru

cre
cresta

crio llo - cri é - cre ci do - cru za - es cri be
cris tal - Cris ti na - Cris tó bal - Cres cen cio

Mi ra la cres ta del ga llo.

Es un ga llo crio llo.

Se cri ó en mi pa tio.

Ha cre ci do mu cho.

Cris tó bal cru za la ca lle.

El cui da a Cris ti na.

Ya Cres cen cio es cri be.

cruzan

43

tr- Tr-

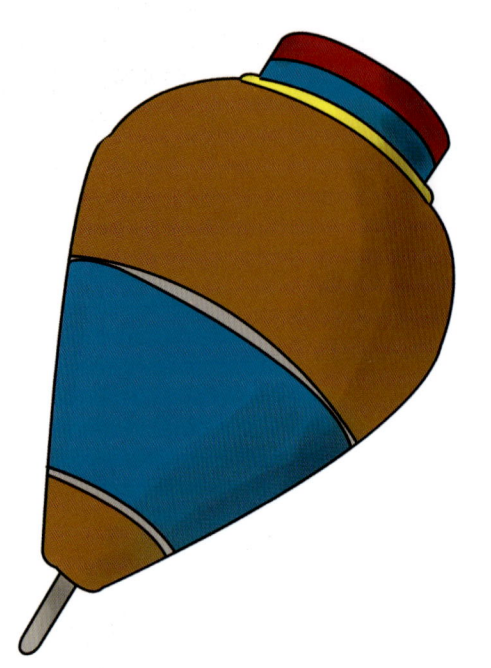

tra	Tra
tre	Tre
tri	Tri
tro	Tro
tru	Tru

tro
trompo

po tro - tri ci clo - tren za - tra je - es tre llas - tro te
tru lla - Pe tra - Tri na - trom po - De me trio

El trom po de De me trio.

A quel po tro va al tro te.

Pe tra tie ne un tri ci clo.

Tri na se ha ce tren zas.

Hoy es tre na rá un tra je.

E lla es pe ra la tru lla.

¡Cuán tas es tre llas ve o!

estrellas

br- Br-

bro
brocha

bra	Bra
bre	Bre
bri	Bri
bro	Bro
bru	Bru

a bre - bri sa - ca bri ta - bro tes - ca bra
a bri go - li bre ro - bra vo - Bru no - Brí gi da
Brau lia - so bre - li bro

Bru no pin ta el li bre ro con la bro cha.

A bre e sa ven ta na Brí gi da.

A sí en tra rá la bri sa.

Un pe rro bra vo la dra.

Brau lia tra jo su a bri go.

Un li bro so bre la me sa.

La ca bra co me bro tes.

cabra

fr- Fr-

fru
frutas

fra	Fra
fre	Fre
fri	Fri
fro	Fro
fru	Fru

fres ca - fra ne la - fri sa - fron do so - fras co - E fra ín frí o - Fran cis co - fre sa - fra gan cia - fran cés

¡Qué sa bro sas fru tas!

Fran cis co tra jo las fre sas.

Me gus ta su fra gan cia.

La ma ña na es tá fres ca.

U so ro pa de fra ne la.

E fra ín u sa u na fri sa a zul.

Él no quie re sen tir frí o.

frisa

bl- Bl-

bla	Bla
ble	Ble
bli	Bli
blo	Blo
blu	Blu

blu
blusa

pue blo - pú bli co - a gra da ble - Pa blo
blo ques - ro ble - ta bla - Blan ca - Blas

La ni ña u sa u na blu sa ro ja.

Hay fies ta en el pue blo.

Blan ca i rá con Pa blo.

Ve o un ár bol de ro ble.

Da a gra da ble som bra.

Blas jue ga con los blo ques.

Es tá en el par que pú bli co.

bloques

pl- Pr-

pla
playa

pla	Pla
ple	Ple
pli	Pli
plo	Plo
plu	Plu

a pla na - plie go - plo mo - Plá ci da - com ple tó
plu me ro - e jem plo - Pli nio - pla ca - pla ta

Los ni ños jue gan en la pla ya.

Pli nio a pla na la a re na.

Ya com ple tó un cas ti llo.

Su her ma na lo con tem pla.

Quie ro un plie go de pa pel.

U na pla ca de plo mo.

Plá ci da u sa su plu me ro.

plumero

48

gl- Gl-

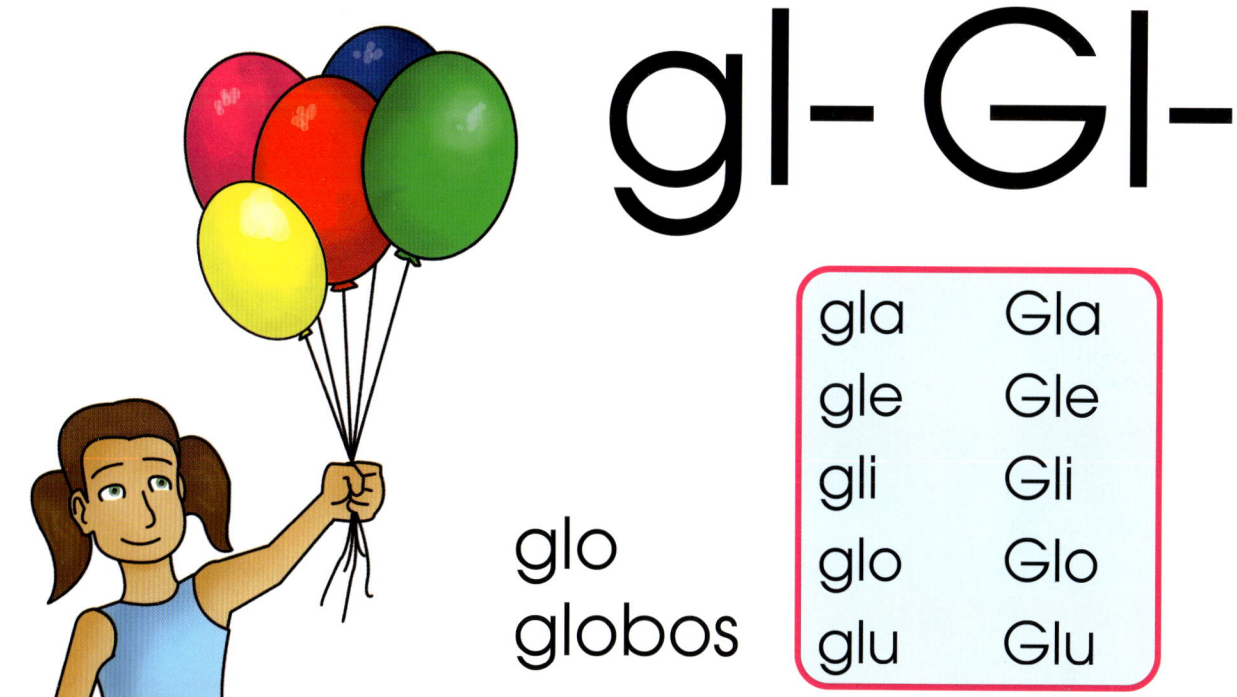

gla	Gla
gle	Gle
gli	Gli
glo	Glo
glu	Glu

glo
globos

glo rie ta - gla dio la - a rre gla - gli ce ri na
re gla - i glú - Glo ria - Gla dys - i gle sia

¡Glo bos de co lo res!

Los pon dré en la glo rie ta.

La gli ce ri na es u na gra sa.

Los es qui males vi ven en i glús.

Glo ria cul ti va gla dio los.

Los lle va a la i gle sia.

Mi re gla es de plás ti co.

iglú

49

cl-Cr-

cla
clavel

cla	Cla
cle	Cle
cli	Cli
clo	Clo
clu	Clu

cla ro - cla se - bi ci cle ta - in cli na

clo ro - clue ca - Clo til de - Clau dio - Cle men te

Un cla vel per fu ma do.

¿Te gus ta su co lor, Clau dio?

Cla ro que sí, Clo til de.

Cle men te se in cli na.

Él va en su bi ci cle ta.

Ya ter mi nó la cla se.

La ga lli na es tá clue ca.

clueca

Fl- Fl-

Fla	Fla
Fle	Fle
Fli	Fli
Flo	Flo
Flu	Flu

Flo
Flores

re fle ja - flau ta - ri fle - flam bo yán - fle cha
flan - a fli ge - flo re ro - Fla via - a fli gi da

Las flo res de mi jar dín.

Fla via las re co gió

El es pe jo re fle ja la luz.

Froi lán to ca la flau ta.

Flo ra es tá a fli gi da.

Un ar co y u na fle cha.

E se fla men co es ro sa do.

flamenco

gu-gü-

gue	Gue
gui	Gui
güe	Güe
güi	Güi

gui
guitarra

gui neo - gui so - si gue - ye güi ta - ci güe ña - si gue gue rra - Ma ya güez - ˆgue da - Gui ller mo - á gui la

Gui ller mo to ca la gui ta rra.

A gue da gui só u na ga lli na.

La ye güi ta si guió su ca mi no.

Mi ra los gui neos ma du ros.

El á gui la vue la al to.

La ci güe ña si gue a llí.

Lle ga re mos a Ma ya güez.

cigüeña

k K

ki
kimono

ka	Ka
ke	Ke
ki	Ki
ko	Ko
ku	Ku

kin der gar ten - ki mo no - ki lo - ko a la
ki lo gra mo - kios co - ka ki - Ka tia

Hay fies ta en el kin der gar ten.

Ca ta li na se pu so su ki mo no.

Ka tia la vio en el kios co.

Car los se vis tió de ka ki.

Vio un ko a la en el zo o ló gi co.

Un ki lo gra mo de pe so.

Ki lo quie re de cir mil.

koala

X -x

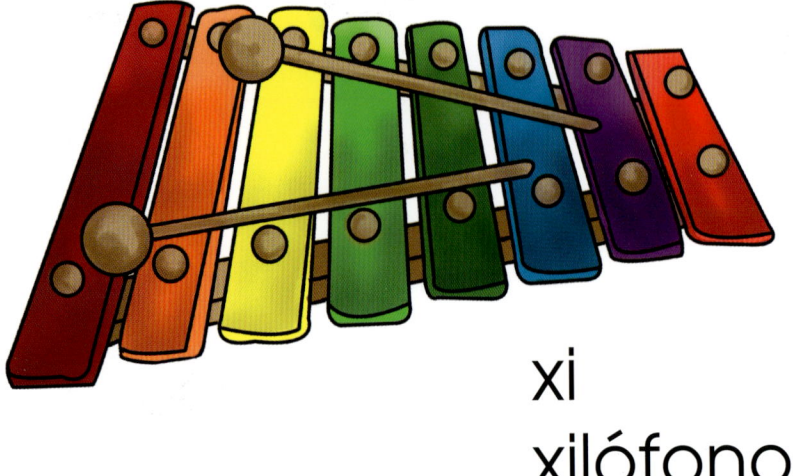

xi
xilófono

xa	ax
xe	ex
xi	ix
xo	ox
xu	ux

sa xo fón - au xi lio - ta xi - o xí ge no - Fé lix
ex ce len te - ex tra ño - sex to
bo xe a dor - Má xi mo - ex cu sa - Six to

Es te es un xi ló fo no.

Fé lix lo en cuen tra ex tra ño.

¿Sa bes to car lo tú, Six to?

Six to se ex cu só.

Má xi mo sí sa be.

Es un ex ce len te mú si co.

Ha lle ga do un ta xi.

Es el sex to que ve o.

taxi

-d -d

ad	Ad
ed	Ed
id	Id
od	Od
ud	Ud

ad
admira

pa red - ver dad - us ted - ve nid - pie dad - sed - red
ad vier te - sa lud - la úd - Ad jun tas - ca ri dad
Na vi dad - Da vid - mul ti tud - bon dad - a mis tad

Hay un cua dro en la pa red.

Da vid lo ad mi ra.

Es muy her mo so, õver dad?

Pie dad na ció en Ad jun tas.

Mi ma es tra nos ad vier te.

Hay que cui dar la sa lud.

Us ted es cu cha el la úd.

laúd

-c -c

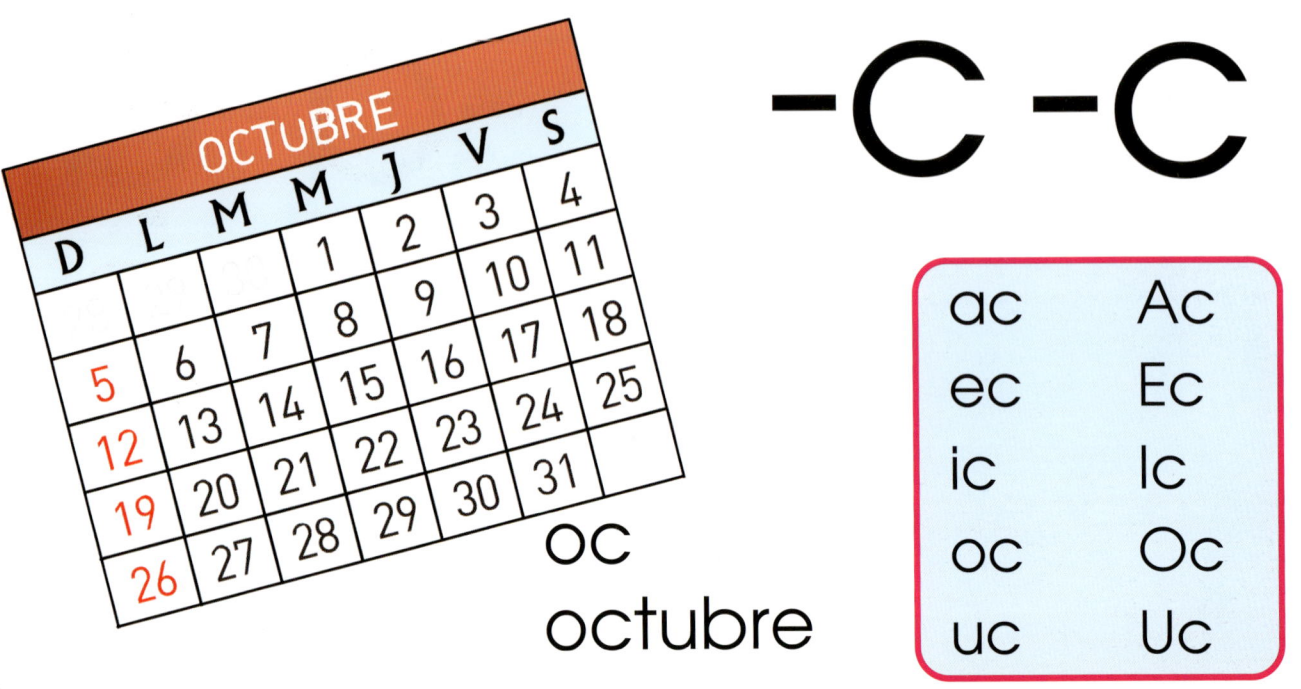

oc
octubre

ac	Ac
ec	Ec
ic	Ic
oc	Oc
uc	Uc

lec tu ra - doc tor - in yec ción - con duc tor
ac ción - ac ci den te - in sec to - Oc ta via - Víc tor

Víc tor lle gó en oc tu bre.

Tra jo un li bro de lec tu ra.

Oc ta via vi si tó al doc tor.

La en fer me ra la in yec tó.

Una bue na ac ción.

Un con duc tor pru den te.

La hor mi ga es un in sec to.

insecto

-b -j

ob
obsequio

ab	Ab
ob	Ob
ub	Ub
oj	

ab so lu to - ab sor be - sub ma ri no

obs tá cu lo - ab suel to - Ob du lia - ob tu vo

Ob du lia ob tu vo bue nas no tas.

Re ci bió va ríos ob se quios.

¡Qué her mo so re loj!

La a re na ab sor be el a gua.

El a cu sa do fue ab suel to.

Un sub ma ri no se a so ma en el mar.

Par ti ci pé en u na ca rre ra de obs tá cu los.

reloj

Notas

Notas

Notas